AF426631

LE SURHOMME NIETZSCHÉEN ET L'ÉCOLE EN AFRIQUE: QUELLES PERSPECTIVES?

N'guessan Noël AMIAN

Title: LE SURHOMME NIETZSCHÉEN ET L'ÉCOLE EN AFRIQUE: QUELLES PERSPECTIVES?

ISBN: 979-8-89248-860-0

Author: N'guessan Noël AMIAN

Cover image: www.pixabay.com

Publisher: Generis Publishing
Online orders: www.generis-publishing.com
Contact email: info@generis-publishing.com

SOMMAIRE

DÉDICACE 6

REMERCIEMENTS 7

INTRODUCTION 8

CHAPITRE I : LES PROBLÈMES LIÉS À LA CRISE DE DÉVELOPPEMENT DE L'AFRIQUE... 12

CHAPITRE II : LES MOYENS DE RÉSORPTION DES DIFFICULTÉS LIÉES AU DÉVELOPPEMENT DE L'AFRIQUE 18

CHAPITRE III : LE SURHOMME DE NIETZSCHE : FORME DE RÉDEMPTION DE L'AFRIQUE... 25

CHAPITRE IV : LE SURHOMME ET LE DÉBUT DE LA RESPONSABILITE AFRICAINE 31

CONCLUSION 42

BIBLIOGRAPHIE 45

DÉDICACE

À mon père défunt, Abo Amian Bernard, à ma mère, Kamenan Affoué, à mon épouse Coulibaly Foungnigué Odette et à mes enfants, Amian Youpo Anne Esther Sorel, Amian N'kwan Syntyche Évodie, Amian Akprowa Eunice Rebecca !

REMERCIEMENTS

Je tiens à remercier tous ceux et toutes celles qui, de près comme de loin ont participé à la réalisation de ce manuscrit.

Je tiens également à remercier mes frères et sœurs qui m'encouragent jours et nuit dans mes écrits.

Je remercie chaleureusement Dr. KOUASSI Kouakou Julien de l'Université de Cocody pour son sens d'humanisme.

Enfin, un grand remerciement à l'endroit de ma petite famille.

INTRODUCTION

La dépendance est l'un des maux les plus dangereux pour celui qui la vit. Elle va jusqu'à s'apparenter à la colonisation, c'est-à-dire le fait d'être sous le coup de la domination. En étant ainsi, l'on perd toute possibilité de vivre pour soi-même. En effet, le système éducatif africain semble être lié à cette dépendance depuis plusieurs décennies. Dès lors, la formation des intellectuels africains, calquée sur le modèle occidental, fait de ceux-ci des colonisés, des individus sans véritable repère. Pour mettre fin à cette razzia coloniale dans le système éducatif africain, les intellectuels africains doivent penser à une école en Afrique qui fonctionne à partir des modules fondés sur des réalités africaines. C'est à partir de là que les africains se libéreraient de l'éducation calquée sur le modèle européen. Cette libération réelle et véritable de l'Afrique et surtout de son système éducation prendra effet si les africains prennent la mesure de déconstruire ce qu'ils ont reçu depuis des siècles par l'Europe et considéré comme la vraie éducation. Ce travail requière assez de ténacité. C'est dans cette perspective que nous convions les intellectuels africains à se munir des verves de Nietzsche.

Nietzsche apparaît à l'humanité comme un esprit réellement libre. Libre du fait qu'il s'est résolu à ne vivre que pour lui-même, c'est-à-dire renoncer à tout ce qui est considéré comme l'organigramme social. Il faut souligner très nettement que Nietzsche n'a jamais porter en lui ce qui s'arobe les principes du système. Nietzsche n'est donc pas un conformiste. Il est cet esprit libre qui arpente sans cesse les cimes des montagnes pour se créer. Pour faire de son être une création authentique. Appréhendé comme une figure emblématique du devenir soi-même, la convocation de Nietzsche dans le milieu scolaire voire même universitaire en Afrique, loin d'être une faiblesse pour les africains, voyant sa couleur de peau et son origine, apparaît, sans aucune forme de fourberie, comme un personnage qui incite l'homme et les adeptes de la vraie liberté à le convoquer quand les défis du siècle l'exigent. Nietzsche écrit, « Ô grand astre ! Quel serait ton bonheur, si tu n'avais pas ceux que tu éclaires ? »[1] Cet astre est par analogie, Nietzsche lui-même. Que serait-il s'il n'apporte rien à l'homme et à l'humanité. L'apport de Nietzsche n'est pas à voir comme un apport qui s'apparente aux idoles. Il illumine la caverne afin que chaque membre de l'humanité se trouve un chemin, jamais tenu par la main, sortir de l'ombre vers l'éclaire, vers la lumière. Que serait en plus un homme sage, si sa sagesse ne s'arrête qu'à sa porte ? Nietzsche affirme : « Voici ! Je suis dégouté de ma sagesse, comme l'abeille qui a amassé trop de miel. J'ai besoins des mains qui se tendent. Je voudrais donner et distribuer, jusqu'à ce que les sages parmi les hommes soient redevenus joyeux de leur folie, et les pauvres heureux de leur richesse. »[2] Nous comprenons qu'il est évidemment nécessaire de convoquer Nietzsche à cette recherche de liberté de l'Afrique et de son système éducatif. Pour lui, les sages doivent distribuer de la sagesse aux pauvres jusqu'à ce qu'ils soient heureux de ce qu'ils sont devenus. Aussi fait-il remarquer que les riches qui en distribuent, seront dans une joie indescriptible du fait de la joie qu'ils procurent aux pauvres. Nietzsche voit dans l'acte de donner, un acte de réjouissance et de joie. Que dit la *Bible* à ce propos ? « Il y a plus de bonheur à donner qu'à recevoir. »[3] Nous considérons que l'acte de donner est un acte divin, même si Nietzsche de sa position n'en fait pas cas. L'Afrique doit nécessairement prendre comme tous les autres continents au monde, le train de son évolution. Évolution mentale, économique, politique, militaire, mais et surtout éducative. C'est à partir de ce moment qu'elle serait à même de parler de développement.

Le développement est une question préoccupante pour l'humanité depuis la découverte de la pierre taillée. Aucun pays ni nation voire même continent ne veut se voir exclure de ce paradigme. Tout le monde le clame avec la dernière de son énergie. Et, c'est ce qui donne sens et valeur à notre monde. Or, l'un des secteurs au monde par lequel on inculque les valeurs du développement, c'est bien l'école.

---

[1] Friedrich NIETZSCHE, *Ainsi Parlait Zarathoustra*, Paris, Pierre Hidalgo- site philosophique de l'académie de Genoble, Ebooks libres et gratuit, 2005, p. 10.
[2] Friedrich NIETZSCHE, *Ainsi Parlait Zarathoustra,* op.cit., pp. 10-11.
[3] La Sainte Bible, *Actes 20V35.*

Elle apparaît comme la vitrine de tout développement. Paradoxalement, l'école en Afrique fait la promotion des hommes dans son système éducatif au détriment des femmes. Alors que le développement doit tenir compte du genre s'il veut durer dans le temps. On assiste de ce fait à une exclusion des femmes dans nos systèmes éducatifs.

Partant de cet état de fait, plusieurs problèmes suscitent notre franche attention : la décolonisation de l'école en Afrique peut-elle être une réalité ? Si nous convenons à la possible décolonisation de l'école en Afrique, le surhomme n'est-il pas l'issue de la libération du système éducatif africain embrigader par l'occident ? En tant que philosophie de volonté, de décision et de responsabilité, le surhomme de Nietzsche ne s'apparente-t-il pas comme possibilité à la décolonisation de l'école en Afrique ? Comment, à partir du surhomme nietzschéen, l'Afrique peut-elle mettre un terme à l'exclusion des femmes dans son système éducatif ? La crise de développement de l'Afrique n'est-elle pas liée à l'exclusion des femmes à l'école ? L'inclusion du genre est-elle facteur de développement en l'Afrique ? Toutes ces interrogations requièrent les perspectives envisagées autour de l'école africaine sous le prisme du surhomme Nietzschéen. Il nous faut d'ores et déjà penser à faire de l'école en Afrique une réalité et non un fourvoiement. Il faut cesser de penser à cet esprit exclusionniste qui sape, en réalité notre autonomie. L'autonomie se joue autour d'un réseautage, d'une implication de tous et de toutes. Ce qui signifie qu'en Afrique, tout ceux qui ont droit d'aller à l'école doit aller, mais aussi créer les conditions de leur réussite. En effet, c'est autour de la fameuse question de la réussite que nous convoquons évidemment Nietzsche pour que nous soyons nos propres moyens de réussite. À savoir, ce qu'il nous faut insérer dans nos maquettes éducatives et universitaires afin de permettre à nos apprenants de sortir de l'école avec à la clé l'emploi. Ce qu'il faut savoir dans cette recherche d'autonomie et d'indépendance éducative, c'est d'avoir des emplois qui répondent aux besoins africains et non européens ou américains ou asiatiques. On doit se détropicaliser pour se tropicaliser sous la bannière africaine. Ce travail va s'articulé autour de quatre grands chapitres. Le premier chapitre est intitulé les problèmes liés à la crise de développement de l'Afrique. Le deuxième chapitre est intitulé les moyens de résorption des difficultés liées au développement de l'Afrique. Le troisième chapitre : le surhomme de Nietzsche : forme de rédemption de l'Afrique. Enfin le quatrième chapitre formulé sous le titre : le surhomme et le début de la responsabilité africaine.

CHAPITRE I : LES PROBLÈMES LIÉS À LA CRISE DE DÉVELOPPEMENT DE L'AFRIQUE

La crise de développement de l'Afrique est pour la plupart du temps liée à ce phénomène : l'exclusion et l'analphabétisme des femmes dans notre système éducatif. Il y a nécessité qu'on puisse donner les raisons de cette exclusion qui dans bien des cas fragilisent le développement de l'Afrique. L'Afrique ne peut connaître de réel développement s'il y a problème dans le secteur éducatif. Tout pays appelé à être un pays développé doit nécessairement avoir une éducation forte et mixte. Celle qui prend en compte les garçons et les femmes. Mais, sur le terrain africain, la réalité est tout autre. Par ailleurs, l'exclusion et l'analphabétisme des femmes sont en général les véritables causes de la crise de développement en Afrique. L'africain, même s'il y a lieu d'exclure dans cette dynamique de dénonciation des causes liées à la crise de développement de l'Afrique, la comparaison, il y va des africains de regarder autour d'eux pour comprendre que notre monde est sans cesse dans un élan de progrès indescriptible. L'expression « la saine émulation » apparaît pour dire combien de fois il y a nécessité que l'on jette de temps en temps son regard sur autrui afin de mieux se construire. Le monde est un monde de brassage et non un monde de solipsisme, d'isolationnisme. Le regard sur l'autre nous permet de comprendre notre être. On penserait à la lumière de la philosophie de Nietzsche que nous sommes opposés. En réalité, il n'y a pas question de parler d'opposition. Comment Nietzsche a bien pu comprendre le fonctionnement de la société pour penser le devenir de l'homme ? Le regard ne construit-il pas l'homme ? Le regard peut-être un remède pour notre système psychologique.

En effet, la mentalité des africains au regard de la femme se partage à plusieurs niveaux. Le premier niveau est lié à la question de l'hégémonie de l'homme sur la femme. Celle qui consiste à voir la femme comme un sous homme. De cette façon, il serait inadmissible que la femme acquière les mêmes connaissances et valeurs pour penser l'égalité avec l'homme. Ce qui favorise le refus de scolariser celle-ci au profit de l'homme. Le deuxième niveau qui semble entériner le faible taux de scolarisation des femmes au profit des hommes se perçoit au niveau de la constitution biologique de la femme. En Afrique, l'on a tendance à penser que la femme est créée pour la procréation et la servitude au niveau du ménage. En étant considérée comme un sous homme, la femme en Afrique n'est pas considérée et subit toutes formes de violences, la rendant ainsi vulnérable et fragile pour demeurer longtemps à l'école. C'est ce que dit Paul Martial dans son article intitulé *Afrique : contre l'exclusion des élèves enceintes* : « Des milliers de jeunes filles, victimes de violences sexuelles ou de mariages forcés, sont exclues du système scolaire du fait de leur grossesse ou de leur statut de mère »[4]. Ce sont des faits sociaux qui, comme nous l'avons souligné plus haut mettent en mal l'avenir scolaire de nos jeunes filles considérées comme des femmes de demain. Celles-ci subissent contre leur gré, les instincts sauvages des hommes en stoppant leur cursus scolaire. Elles sont contraintes au mariages forcés, aux viols et à bien d'autres actes de violences.

Il y a aussi la question de la pauvreté dans nos sociétés africaines. Certaines familles sont obligées à cause de leur situation sociale précaire, de sacrifier la scolarité de leurs filles. Pour ceux-ci, la change de réussite de la jeune fille est plus réduite que celle du jeune homme. Alors, ils préfèrent mettre l'accent sur la scolarité de leurs garçons en laissant leurs filles à la merci de la vie de mère. Cette réalité liée à la non scolarisation des jeunes filles fait dire à l'organisation mondiale en charge de l'école pour tous : l'UNICEF qu'il y a dans le monde 129 millions de filles qui ne vont pas à l'école. Ce pourcentage inquiétant et alarmant est le signe de la régression de nos pays africains en ce qui concerne son développement. Si

---

[4] Paul MARTIAL, *Afrique : contre l'exclusion des élèves enceintes,*2022, publié dans https://lanticapitaiste.org , consulté le 13/06/2024 à 22h21.

nous nous en tenons à la crise en Afrique, l'analphabétisme n'est-il pas l'un des premiers fruits ?

Pour qu'un pays ou une nation connaisse développement, il faut que ses fils et ses filles soient instruis. L'instruction est le moyen par lequel un pays arrive à se construire, à se développer. Malheureusement, le constat en Afrique concernant l'instruction des filles est amer. Celles-ci sont de moins en moins instruites. Elles sont pour la plupart des analphabètes. Elles ne savent ni lire ni écrire. Car excluent du système éducatif africain. Cela pose un réel problème d'ordre social.

Si la pauvreté en Afrique est persistante, cela est dû au fait que les filles ne sont pas instruites. Or, celui qui n'a pas connu d'éducation scolaire ne peut permettre à ses descendants de connaître le chemin de l'école, à plus forte raison ses descendantes filles. C'est pourquoi l'organisation humanitaire dénommée DISSE fait remarquer que « Le manque d'éducation peut perpétuer la pauvreté de génération en génération »[5]. Selon celle organisation, les analphabètes n'ont pas conscience de leur capacité à inventer, à créer, à valoriser leur système de vie. Alors, ils restent indéfiniment dans la précarité. Si le monde est tenu par la classe bourgeoise, c'est parce qu'elle a la pleine mesure de ce qu'apporte l'éducation dans la formation du citoyen. C'est pourquoi, elle paye des sommes colossales pour permettre à leur progéniture de fréquenter des écoles à renommée internationale.

Pour cette classe sociale, l'école ou l'éducation est l'affaire de tous sans exclusion de sexe. Elle a compris, comme le souligne Issaka Yameoko dans son article intitulé *De l'éthique de l'éducation en Afrique : sur les traces de Joseph Ki-Zerbo* que « Si l'école n'est structurellement intégrée à la société, ce n'est pas sûr qu'elle produise des effets désirables, notamment en matière de promotion et de diffusion de valeurs »[6]. On peut comprendre l'intégration de l'éducation à la société

---

[5] DISSE, *Faire face au manque d'éducation dans le monde : Tous à l'école !*, 2023, publié dans https://dissei.org , consulté le 13/06/2024 à 0h11.

[6] Issaka YAMEOKO, *De l'éthique de l'éducation en Afrique : sur les traces de Joseph Ki-Zerbo*, 2021, Université Norbert- Zongo (koudougou, Burkina Faso).

d'une part comme la scolarisation de tous et d'autre part comme la transmission des valeurs propres de cette société aux apprenants. Dans tous les cas, en excluant les filles à l'école, comment celles-ci comprendraient la structure de la société pour participer à son développement ? Pour répondre à cette préoccupation, Badini Ali dans *Système éducatif traditionnel moaga (Burkina Faso) et action éducatif scolaire* affirme que l'éducation est « un accouchement collectif qui prolonge l'enfantement biologique individuel »[7]. Il estime que l'éducation n'est pas exclusivement portée par une entité définie de la société. Elle est bien plus l'apport de tous afin de consolider le bien-être générationnel.

La crise de développement en Afrique repose dans sa grande majorité sur le refus de la scolarisation des jeunes filles pourtant considérées comme les futures mères. L'expérience montre que la femme passe plus de temps avec les enfants que les hommes. Ainsi, une femme analphabète du fait qu'elle a été refusé d'être à l'école parce qu'elle a eu un incident au cours de sa formation ou parce que les parents ne disposent pas de moyen financier pour la mettre à l'école, expose la société toute entière à la crise de développement. En étant mère à la maison, celle-ci ne peut transmettre à sa descendance que ce qu'elle aurait reçu de la société. Cette conscience sociale qui apparaît comme l'identité humaine fait dire à Karl Marx dans *Critique de l'économie politique* ceci : « Ce n'est pas la conscience des hommes qui détermine leur existence, au contraire leur existence sociale qui détermine leur conscience »[8]. Il y a comme une analogie de la pensée de Karl Marx avec cet adage qui dit " On ne donne que ce qu'on reçoit".

La femme qui a hérité d'une vie de réclusion parce que couper de la formation constructive promulguée par l'école, ne peut qu'offre à sa descendance

---

[7] Ali BADINI, 1990, *Système éducatif traditionnel moaga (Burkina Faso) et action éducative scolaire, (Essai d'une pédagogie de l'oralité) (Thèse de doctorat d'État)*,1990, Université Charles de Gaule-Lille3.

[8] Marx KARL, *Critique de l'économie politique*, Avant-propos, trad. M.Rubel L. Évrard. In Œuvres, I. Économie, I. Éd. Gallimard, coll. « La Pléiade », 1965.

que cette même réclusion. Mais, en tant que philosophe de la vie, Nietzsche va mettre un point d'honneur sur l'éducation. Il définit cependant l'homme comme « un animal éducable ». Nietzsche va donc à partir de ses trois métamorphoses tenues par le chameau, le lion et l'enfant, poser la scientificité éducative de sa philosophie. Celle qui consiste à permettre à l'homme de gagner « sa propre volonté ». Cet enseignement que donne Zarathoustra, le personnage principal de son livre, n'est pas un enseignement sélectif. Cet enseignement est donné à tous ceux qui constituaient la foule à laquelle s'adressait Zarathoustra. Parlant ainsi, et pour donner fier allure à la société africaine par rapport à son développement, il est impérieux de permettre à la femme de parvenir à sa volonté. Celle qui lui permettra de s'affirmer en tant que sujet autonome, mais aussi, apporter à l'humanité sa force créatrice. On ne peut devenir ce que nous aspirons, s'il nous manque l'apprentissage. Apprendre, c'est comprendre. Comprendre, c'est se doter des connaissances existantes pour penser à sa mutation si cela s'avère nécessaire. C'est ainsi que le surhomme en tant que possibilité de transcendance du voulant, et aussi, en tant que projet d'humanité, se présente comme le signe de l'inclusion de la femme dans les systèmes éducatifs africain.

Les difficultés ne seront pas et ne resteront pas indéfiniment la membrane de l'existence humaine. À plus forte raison tenir celles de l'Afrique comme des problèmes qui semblent ne pas connaître d'issue. Notre monde exige que l'homme quitte le navire préhistorique pour arpenter la modernité. L'éducation humaine, selon ce que nous révèlent les *nouvelles lumières,* n'est pas tournée vers une émancipation générale, universelle du genre humain, parce qu'il n'existe aucune vérité qui peut servir de fondement à une culture commune, fût-elle l'idée première du projet encyclopédique des Lumières. L'éducation supérieure doit plutôt chercher à créer des différences et creuser des fossés d'incompréhensions entre les hommes. Elle ne doit pas les lier aux anneaux d'une même chaîne pour les rendre semblables. Elle doit chercher à les opposer entre eux, dans des rapports sociaux que Nietzsche n'hésite pas à concevoir de plus en plus de violents. Il insinue aussi que la sécurité ne doit pas être une valeur obtenue au moyen d'un compromis. Au contraire, il faut soutenir des perspectives radicales sans éviter les rapports de force. C'est en concevant son existence comme perpétuellement précaire et menacée, qu'une élite peut se maintenir dans un état d'éveil optimal de ses facultés. C'est ce qui fait penser que la lutte est un bien, contrairement à la paix qui ne permet pas de mener cette excellente vie. Il est clair que ce problème n'est pas exclusivement du ressort de l'Afrique, mais peut bien être résorber pour permettre à l'Afrique de connaître une issue fabuleuse.

CHAPITRE II : LES MOYENS DE RÉSORPTION DES DIFFICULTÉS LIÉES AU DÉVELOPPEMENT DE L'AFRIQUE

« Selon Nietzsche, le surhomme est en effet celui qui assume son chaos intérieur et qui s'en rend le maître, mais sans essayer de le refouler »[9]. Si le surhomme est le type d'homme qui appréhende l'existence dans sa totalité comme ce qui doit être vécu, quel qu'en soit les difficultés, il ouvre la voie de l'assumation à laquelle le sujet humain se doit de répondre pour demeurer dans la sérénité. Il doit alors appréhender son être comme l'issue de son existence et le vivre tel qu'il est sans le renoncer. De cette façon, il convient de découvrir le surhomme à partir de l'enseignement que donne Zarathoustra à cet effet. Zarathoustra affirme qu'il faut que l'homme soit surmonté parce qu'il est imparfait. Si l'enseignement apparaît pour le personnage de Nietzsche comme un acte fondamental pour l'existence et pour l'humanité tout entière, cela voudrait donc dire que l'homme sans distinction se doit instruction. À cet effet, l'instruction se présente comme le moyen par lequel le surhomme est connu. Zarathoustra s'est donc efforcé à le faire connaître par le truchement d'un enseignement. Cet enseignement a trouvé toutes les couches de la société. Quand Zarathoustra est descendu de la montagne et qu'il fit cette rencontre avec la foule, il s'est résolu de leur enseigner le surhomme pour que l'homme se perfectionne. De ce fait, penser le surhomme, c'est panser la crise de développement en Afrique à travers l'inclusion de la femme dans le système éducatif africain. Car, celle-ci est un membre à part entière de la société. C'est pourquoi, le surhomme est vu comme l'humanisme par lequel la crise de développement connaitra résolution.

---

[9] Lucas DEGRYSE, *Le surhomme et la volonté de puissance*, Le Philosophoire, n° 18, 2003.

Nietzsche écrit dans *Le Gai savoir* ceci : « La vie, moyen de la connaissance-avec ce principe au cœur, on ne peut non seulement vaillamment, mais gaiement vivre et gaiement rire ! »[10]. Pour Nietzsche, la vie nous permet de connaître et, une fois la connaissance acquise, nous vivons heureux. Si tel est que vivre, c'est connaître, il serait injuste d'ôter à une frange de la population la possibilité de connaissance. Nietzsche a toujours voulu que l'homme sorte de l'ignorance. Pour Nietzsche, l'ignorance est une gangrène sociétale à laquelle il faut mettre fin. C'est bien elle qui maintient l'homme dans le déterminisme. L'humanité de Nietzsche se trouve dans cette logique de faire du sujet humain, un sujet autonome. On ne peut penser son autonomie en étant inculte ou analphabète. C'est la raison qui milité en faveur d'un système éducatif inclusif. Les raisonnements injustifiés de la position que l'homme se donne par rapport à la femme est un raison, désuet, obsolète, avilissant et dépassé. Notre monde est dans la dynamique de développement sans fin. Aucun pays dans le monde actuel ne veut se faire compter ce dynamisme. Tous sont dans la logique de se hisser au firmament de l'existence. C'est pourquoi, les pays développés accentuent la promotion du genre dans toutes leurs activités, puisque la femme est un être essentiel dans la formation du tissu social. Il faudra donc lui permettre d'en prendre une place prépondérante dans les prises de décision. L'exclusion de la femme dans nos systèmes éducatifs sera une façon pour l'Afrique de favoriser son sous- développement.

Si la question de la formation continue s'impose aux diplômés comme principe fondamental, parce que l'acquisition de diplômes ne définit pas le bien-être de ceux-ci dans le domaine de l'employabilité, c'est dire combien de fois la formation par ricochet l'éducation, est essentiel chez l'être humain. C'est en se formant continuellement qu'on arrive à faire face aux nouveaux défis qui s'offrent à nous. L'apprentissage de nouvelles compétences permettra à l'être humain de développer de mieux en mieux ses compétences. Nous sommes dans un monde de compétences et de concurrences. Le manque de compétences rend nos diplômes

---

[10] Friedrich NIETZSCHE, *Le Gai savoir*, Paris, Garnier Flammarion, 2007.

obsolètes. Dans cette logique de dynamisme de développement, comment comprendre qu'un individu soit privé de ses droits fondamentaux, à savoir l'éducation. En réalité, la pauvreté ou le sous-développement à une source : la massification de loisirs. Voltaire ne disait-il pas que le travail éloigne l'homme de l'ennui, des vices et du besoin ? On ne peut pas accéder à un travail descend et porteur du bien-être si nous manquons de formation ou d'éducation. Les grandes nations du monde sont en train de restreindre les loisirs pour ne pas qu'elles tombent dans les bassesses de la pauvreté. Pour elles, leurs populations doivent répondre aux dynamiques de développement personnel pour que cela ait des répercussions positives sur la nation. Alors que chez nous en Afrique, faute de formation pour tous, les loisirs sont devenus des moments d'échappatoires orchestrant la crise de développement.

Il serait incohérent de penser à une humanité en dehors de la formation ou de l'éducation. Pour être soi-même et penser pour soi-même, la rigueur éducative et la connaissance du monde s'impose à tous. C'est pourquoi, Nietzsche vécu dans la stricte intimité de la connaissance, son parcours éducatif se présente comme exemple élogieux auquel nous devrions aspirer. C'est suite à cette connaissance qui marque l'attention de l'humain que celui-ci a bien pu renoncer à certains enseignements donner par ses pères. Cette valeureuse éducation ou connaissance du monde lui permettra de se faire remarquer dans le domaine de l'écriture. À ce propos, Philippe Gaudin écrit : « Très tôt, il éprouve le besoin d'écrire et ébauche un manuscrit pompeusement intitulé Ma vie »[11]. Sans la formation éducative, il serait quasi impossible à Nietzsche de se faire découvrir dans le monde du livre. En effet, pour participer au développement du monde, il nous faut contribuer, à partir de notre regard critique sur le fonctionnement de la société dans laquelle nous sommes issues. Mais, cela ne peut être possible si nous n'avons pas les rudiments nécessaires pour le faire.

---

[11] Philippe GAUDIN, La *religion de Nietzsche*, Paris, Les Éditions de l'Atelier/ Éditions ouvrières, 2008, p. 18.

L'humanisme nietzschéen porté à l'inclusion de l'ensemble des hommes permet de dire que le surhomme entendu justement comme humanité ou sens de l'humanisme est le signe que l'école en Afrique doit être ouverte aux garçons et aussi aux filles ou femmes. C'est le moyen par lequel nous pourrons aisément panser la crise de développement en Afrique. Nietzsche ne disait lui-même pas dans *Le Gai savoir* ceci : « J'attends toujours qu'un médecin philosophe au sens exceptionnel du mot-un homme qui aura à étudier le problème de la santé d'ensemble d'un peuple, d'une époque, d'une race, de l'humanité- ait un jour le courage de porter mon soupçon à son degré ultime et d'oser cette proposition : dans toute activité philosophique, il ne s'agissait absolument pas jusqu'à présent de « vérité », mais de quelque chose d'autre, disons de santé, d'avenir, de croissance, de puissance, de vie… »[12]. Pour lui, la pensée philosophie doit réfléchir sur devenir de l'homme. La vérité dont elle s'arroge le principe n'est pas fondamentalement ce à quoi l'homme fonde son espérance.

Cette pense de Nietzsche met en évidence la question du bien-être de l'homme voire de l'humanité tout entière. Il faut penser le devenir de l'homme dans le monde dans lequel il vit. C'est pourquoi la santé, l'avenir, la croissance, la puissance, la vie apparaissent comme les principes qui définissent l'existence humaine. Le bien-être du sujet humain n'est pas lié seulement à la nourriture ou encore au mode basique de la vie. Il regorge tous les aspects de la vie. C'est pourquoi, Nietzsche appelle de tout son vœu l'activité philosophique de se tourner vers ces principes qui fondent l'existence humaine.

Il est évident que le développement d'un pays nécessite que l'on fasse recours à ces fondamentaux. Nous ne présentons pas la femme sous le regard poétique de Nietzche, mais nous la présentons dans l'ensemble des êtres pour qui Nietzsche fonde une philosophie surhumaniste. En effet, la vie ne s'étend pas qu'aux hommes, mais à tous les hommes sans exception. C'est pourquoi, le

---

[12] Friedrich NIETZSCHE, *Le Gai savoir*, Paris, traduit par Patrick Wotling, Garnier Flammarion, 2007.

surhumanisme nietzschéen permet d'établir un rapport ontique de présence de la femme dans l'école en Afrique. Le surhomme est considéré comme la capacité d'aller au-delà de soi, de surmonter l'existence pour se perpétuer dans la perfection. Cette perfection ne fait pas seulement recours à l'homme mais à tous les sujets humains en quête de transcendance. Si l'école est le lieu d'acquisition de savoir, lequel savoir permet de juger l'existant pour l'approuver ou le rejeter dans le but de créer de nouvelles valeurs, la femme en Afrique, à partir de la philosophie de Nietzsche doit nécessairement avoir une large marge de manœuvre dans nos écoles. Plus loin, le rapport surhomme et l'éducation de la femme n'est-il pas l'issue trouvée pour mettre fin à la crise de développement en Afrique ? Ou encore, n'est-il pas gage de développement durable ?

Loin la perception d'un Nietzsche flou, inconsistant à une philosophie criblée de fausses interprétations, Nietzsche est selon Christophe Baroni celui qui procure à l'Europe le vrai sens d'une nouvelle Europe. Il écrit : « Nietzsche fut au contraire un "bon Européen", "précurseur d'une nouvelle Europe" enfin délivrée du "nationalisme de bêtes à cornes" et des "folies nationales" »[13]. Pour Baroni, le devenir de l'Europe connue dans ce siècle présent comme un continent en plein essor de développement, cela est dû à l'éducation du surhomme donnée par Nietzsche à l'homme. Si la banque mondiale, organisation Européenne écrit que « L'éducation est un droit fondamental, un puissant vecteur et l'un des meilleurs moyens de réduire la pauvreté, d'élever les niveaux de santé, de promouvoir l'égalité entre les sexes et de faire progresser la paix et la stabilité »[14]. C'est l'éducation qui permet à un pays ou à un continent de sortir du besoin existentiel.

Dans une analogie avec la pensée baronienne, le surhomme de Nietzsche est le passage par lequel l'Europe a pu mettre un terme à la question liée au

---

[13] Christophe BARONI, *Nietzsche éducateur de l'homme au surhomme*, Paris, Fabert, 2008.

[14] Banque mondiale et les enseignants, *Vue d'ensemble*, https://www.banquemondiale.org, 2024.

problème d'éducation. Ce continent a compris avec l'apport des philosophes comme Nietzsche, l'importance qu'il y a à instruire ses citoyens sur l'intérêt d'un peuple à se doter une école inclusive. Cette approche de l'école n'est plus à l'ordre du jour en Europe. Elle pense à la compétitivité et à l'honneur pour insuffler la saine émulation. Cette importance à voir la femme être éduquée fait dire à Nietzsche dans *Le Gai savoir* qu': « Il y a dans l'éducation de la femme de la noblesse quelque chose d'extrêmement étonnant et de monstrueux »[15]. En effet, une femme qui s'est coupée de l'éducation représente une véritable menace pour tout un peuple et pour tout un pays. Elle est celle qui fait naître et qui fait croître. Pour qu'une plante croisse, il faut l'arroser à l'aide de l'eau et de l'engrais quel qu'en soit le type. Or, pour un être humain, sa croissance est liée à une bonne éducation. Et sa bonne éducation sera l'heureux bonheur pour son peuple et pour son pays. C'est pourquoi la question de l'éducation de la femme doit être prise avec le plus grand intérêt possible.

Le surhomme, en tant que surhumanité, ne peut en aucune manière s'opposer à l'éducation de la femme. La femme tout comme l'homme doit comprendre la nécessité de son devenir autre. Tout le combat d'émancipation de Nietzsche par rapport aux anciennes valeurs, est un combat de libération. Comment voudrions-nous libérer l'homme en excluant la femme de l'éducation ? L'ignorance ne serait-elle pas le véritable moyen de renoncer à soi pour ne vivre que dans la réclusion des fausses valeurs ? La question de l'ignorance est une question à la fois matérielle et spirituelle. À ce propos, écoutons ce que dit la *Bible, Osée,* 4v6 : « Mon peuple est détruit, parce qu'il manque la connaissance ». À partir de cette phrase biblique, nous comprenons aisément que la connaissance est un pilier fondamental dans la vie des sujets humains.

---

[15] Friedrich NIETZSCHE, *Le Gai savoir*, Paris, traduit par Patrick Wotling, Garnier Flammarion, 2007.

Pour que le développement soit une réalité en Afrique, les intellectuels africains, à la lumière de la philosophie du surhomme nietzschéen, doivent promouvoir la formation scolaire des jeunes filles ou des femmes. L'exclusion ne peut favoriser à aucune manière le développement d'un pays. La femme tout comme l'homme porte en elle/lui les germes du surmontement. Nous comprenons pourquoi dans certaines sociétés, les femmes occupent en ce moment des postes de responsabilité tels que chefs d'entreprise, président d'institution, président de la république. L'Afrique doit penser à panser son retard du point de vue de son développement en scolarisation davantage les jeunes filles ou les futures mères.

Ce travail qui porte sur le rapport surhomme, éducation et développement, nous permet de comprendre que le développement de l'Afrique ne peut avoir lieu si les femmes ne sont pas mises à l'école. Pour redorer ce retard, les intellectuels africains doivent passer à l'offensive. Pour nous, la situation ne semble pas alarmiste. Elle peut toujours être rectifiée pour asseoir un développement durable en Afrique. Mais cela nécessite que nous comprenons la pensée nietzschéenne pour la vie et surtout le surhomme pour l'éducation du sujet humain. En effet, le surhomme est pour l'humanité le passage obligé pour acquérir une véritable connaissance de la vie. Une fois cette connaissance acquise, l'homme a la capacité de décision par rapport à l'existence. Pour cela, la femme, en tant membre de la société doit, à la lumière du surhomme nietzschéen, être présente dans le système éducatif africain pour apporter à l'Afrique sa part de développement. Dans cette même logique, d'autres pistes de recherches à savoir, les indices référentiels des femmes qui portent de nos jours les verves du développement en Afrique, et la place qu'elles occupent, permettront de comprendre qu'elles ne sont pas des sous-êtres, mais des êtres qui regorgent des potentialités permettant de mettre fin à la crise de développement en Afrique.

CHAPITRE III : LE SURHOMME DE NIETZSCHE : FORME DE RÉDEMPTION DE L'AFRIQUE

Le surhomme de Nietzsche, dans sa perception et dans sa fonctionnalité apparaît comme l'issue par laquelle l'Afrique s'éveille et s'éveillera. En réalité, ce type d'homme que présente Nietzsche, décline la conscience d'un homme, d'une nation, d'un pays, d'un continent qui se rend compte de ce qu'il/elle n'est pas sa propre identité, mais fonction par dérogation. En se rendant donc à l'évidence de son expropriation d'identité, comme c'est le cas de l'Afrique, il y a un éveille de conscience à partir duquel l'Afrique est en droit de défricher les ronces et lianes qui jonches sa route vers l'autonomie. Peter Sloterdijk écrit dans *Règles pour le parc humain* ceci : « Lorsque Zarathoustra se promène à travers cette ville où tout est rapetissé, il voit le résultat d'une politique d'apprivoisement réussie et incontestée : il lui semble que les hommes ont réussi à élever une nouvelle variante humaine, plus petite de taille, en mélangeant habilement l'éthique et la génétique. Ils se sont librement soumis à la domestication et au choix d'élevage qui mène à un comportement domestique. L'étrange critique de l'humanisme à laquelle se livre Zarathoustra vient de ce qu'il a pris conscience de la fausse innocence dont s'entoure l'homme moderne prétendument bon. »[16].

La promenade de Zarathoustra ne sera pas une promenade vaine. Puisqu'elle lui permettra de comprendre une fois de plus la structure morbide de la vie associative. Cette société dominée par une politique qui tient captive l'humanité tout entière d'où l'on croit instaurer un certain humanisme. Il pense pour sa part que cette société a tellement été "bien structurée" que l'on croirait à celle qui participe à la construction de l'être humain. Or, dans le fond, elle a pour rôle

---

[16] Peter SLOTERDIJK, *Règles pour le parc humain*, publié dans http://hal.science, 2016, consulté le 5/03/2022 à 5h 40.

d'apprivoiser l'homme pour mieux le dominer. Zarathoustra va dénoncer cette forme de société parce qu'elle consent, dans un mensonge hautement fourbe, montrer que la société moderne est celle qui favorise la bonté des hommes. Il faut mettre un terme à cette société moderne qui, en réalité, ne prépare pas l'homme à opérer dans son existence le délice du surhomme à partir d'une éducation vraie.

C'est autour de cette réalité, que le surhomme enseigné par Zarathoustra, permet, dans une analyse profonde du philosopher nietzschéen, de jeter un clin d'œil à l'autonomisation de l'école en Afrique. La démarche de cette autonomisation se comprendra à partir des trois métamorphoses présentées par Nietzsche. De quoi s'agit-il ?

Nietzsche présente le dénouement de l'esprit en trois instances : le chameau, le lion et l'enfant. Ces trois métamorphoses nous permettrons de comprendre le sens de notre sujet. D'abord, l'esprit devient enfant. Dans cette enfance de l'esprit, l'homme porte un fardeau, celui de l'humilité, en renonçant à la connaissance de la vérité. Cette façon d'être du sujet humain fait appel au renoncement de soi et à l'impossibilité de se laisser conduire par soi-même, car incapable de porter les germes de la connaissance vraie. La métamorphose de l'esprit au chameau suscitera d'innombrables interrogations de Nietzsche dans *Ainsi parlait Zarathoustra* dans le but de savoir les motivations qui en découlent. Ce refus de la connaissance vraie s'apparente à l'éducation que reçoit les africains de leurs colonies sans jamais chercher à s'imposer.

Ensuite, nous assisterons à un regain de sursaut. Ce sursaut suscitera l'avènement de la deuxième métamorphose : celle de l'esprit qui devient lion. Selon Nietzsche, l'esprit en devenant lion, « veut conquérir la liberté et être maître de son propre désert »[17]. Il faut comprendre cette seconde métamorphose de Nietzsche sous un angle de repositionnement de soi et le refus de tout supporter comme ce fut le cas du chameau. En devenant libre et maître de soi-même, l'homme n'est plus

---

[17] Friedrich NIETZSCHE, *Ainsi parlait Zarathoustra*, Ebouks livres et gratuits, 2005, http://www.ebouksgratuits.com, p. 34.

sous la domination de personne. Laquelle domination assujettie au charge que porte le chameau sans rien dire. À partir de là, l'enseignement de Zarathoustra dans cette métamorphose, situe le contexte d'une école africaine qui se désolidarise de l'école occidentale pour arpenter le chemin d'une école dont le modèle d'enseignement repose sur les valeurs propres à l'Afrique.

Enfin, la troisième métamorphose par laquelle l'esprit devient enfant. Il serait ambigu de croire que l'enfant puisse faire ce que le lion ne puisse faire. Mais, dans cette métamorphose, l'esprit en devenant enfant tombe dans l'innocence et l'oubli. À ce propos, Nietzsche écrit : « L'enfant est innocence et oubli, un renouveau et un jeu, une roue qui roule sur elle-même, un premier mouvement, une sainte affirmation »[18]. L'esprit en devenant enfant fait table rase de tout ce qui existait comme valeur, comme enseignement et se met dans une logique d'une existence renouvelée. Ce caractère propre à l'enfant est assortie d'une sainte affirmation dans la volonté de création. C'est pourquoi, Nietzsche affirme que « Oui, pour le jeu divin de la création, ô mes frères, il faut une sainte affirmation : l'esprit veut maintenant sa *propre volonté*, celui qui a perdu son monde veut gagner son propre monde »[19]. Il est clair que l'innocence de l'enfant est le point de départ du devenir soi-même dans le renoncement de ce qui identifiait autrefois notre existence.

Les trois métamorphoses de l'esprit dont Nietzsche met en œuvre dans son ouvrage *Ainsi parlait Zarathoustra*, permet, à la lumière de celles-ci, de fonder une école africaine qui réponde aux exigence des africains. Ces métamorphoses inclinent les esprits à comprendre notre attachement aux valeurs anciennes et donnent les moyens de ce détachement. Voilà pourquoi, nous disons que le philosopher nietzschéen sur la métamorphose de l'esprit faciliterait l'avènement d'un système éducatif propre aux africains. Dès cet instant, nous percevons le surhomme nietzschéen comme l'issue de l'éducation en Afrique.

---

[18] *Idem*, p. 35.
[19] *Ibidem,* p. 35.

L'école est un lieu d'apprentissage et d'acquisition de savoirs. Spécifier l'école à l'africaine, cela suppose la transmission d'une éducation dont les thématiques d'enseignement sont calqués sur les besoins et les aspirations du peuple africain. Pour réaliser une telle idéalité, le retour au surhomme entendu comme l'issue d'une affirmation de soi semble être nécessaire. Aujourd'hui, plus que jamais, les africains se rendent de plus en plus compte que leur retard concernant le développement vient du fait qu'ils sont pris dans un étau civilisationnel. On ne peut se développer si nous sommes coupés de nos réalités. Ce qui voudrait dire que nous n'avons dans nos institutions surtout scolaires, des modules de formations dont la transmission se fait à partir de nos langues. La langue est un élément essentiel pour la survie d'un peuple. Le cas de la chine, de la Russie sont des exemples les plus patents. Aujourd'hui, toutes leurs formations sont faites à partir de leurs langues. Et, cela facilité tout d'abord l'apprentissage rapide, mais aussi le développement de ceux qui apprennent. Or, en Afrique, il faudra d'abord manier le langage du colon pour ensuite coordonner sa créativité à partir de leurs modes de développement. Ce large temps perdu ne fait qu'enlise l'Afrique du développement.

Longtemps tenus en bastille par une éducation occidentale et occidentalisée, les intellectuels africains œuvrent ces derniers siècles à redorer leur image vis-à-vis des autres peuples du monde en ce qui concerne leur formation éducative. C'est pourquoi, l'école apparaît comme la lucarne de prédilection. Cet art de vivre occidentalisée à travers l'école met en péril le devenir du peuple africain. Hannah Arendt écrit dans *La crise de la culture* ceci : « C'est à l'école que l'enfant fait sa première entrée dans le monde »[20]. Nous concevons l'expression "entrée dans le monde" comme étant le contact direct qu'on établit avec une réalité, c'est-à-dire la découverte de quelque chose qui nous paraissait autrefois étranger. En effet, la compréhension que donne Hannah Arendt de l'enfant à l'école, porte en elle la

---

[20] Hannah ARENDT, *La crise de la culture*, traduit de l'anglais sous la direction de Patrick Lévis, Paris, Gallimard, 1961, p. 242.

marque de la pensée nietzschéenne pour qui, l'homme est un être imparfait et qu'il doit être surmonté.

Dans la philosophie de Nietzsche, la déchéance de l'homme a été une préoccupation à laquelle il fallait nécessairement trouver une issue. Celle par laquelle l'homme parviendrait à se parfaire indéfiniment. Mais, vouloir la perfection de l'homme ne consiste pas à faire de lui un automate d'une quelconque civilisation. L'homme en devant surhomme, prend la pleine mesure de son insuffisance, en tant que réalité autonome, en se dépasser ou en se surpasser pour être une nouvelle réalité. Sur la question de la « passion en soi »[21], Nietzsche estime que ce n'est pas la science qui serait à l'origine d'un tel fait mais « plutôt l'homme qui se définit »[22]. Il ajoute « *nous faisons progresser l'homme*, nous le rendons plus ferme et plus immuable »[23]. En rendant l'homme plus ferme et plus immuable, telle est la question éducative nietzschéenne à laquelle le surhomme est une issue. Dans cet état de fait, penser l'école en Afrique comme une œuvre du surhomme revient donc à refuser toute formation calquée sur le modèle d'un dressage du peuple africain aux aspirations occidentales. Mais, de permettre aux africains, à partir de leur culture, ethnie, en un mot, de leur mode de vie, à consolider une éducation purement africaine.

Dans son premier ouvrage intitulé *La naissance de la tragédie*, Nietzsche écrit : « La Naissance de la tragédie est l'acte de naissance d'un philosophe convaincu que seule la confrontation avec ce qui nous est étranger nous donne accès à nous-mêmes »[24]. Cette énonciation clairement formulée par Nietzsche dans le but de prendre les rênes de son existence en tant qu'esprit libre, non pas dans une

---

[21] Friedrich NIETZSCHE, *La volonté de puissance*, traduit de l'allemand par Geneviève Bianquis, Tom1, Paris, Gallimard, 2017, p. 321.

[22] *Idem*, p. 322.
[23] *Ibidem*, p. 322.
[24] Friedrich NIETZSCHE, *La naissance de la tragédie*, traduit de l'allemand par Céline Denat, Garnier-Flammarion, Paris, 2015.

affirmation simple, mais se mettre à l'idée que ce qu'il voit par rapport à ce qu'il est n'apparaisse pas en lui comme ce qui donne sens à son être ou à son existence. Le seul recours, c'est le retour à soi, à la restauration de son identité. Cette prise de conscience à l'étrangéité, permet à un peuple en général de penser à la restauration de son identité. Ainsi, à la lumière du surhomme nietzschéen, les intellectuels africains ont compris qu'ils sont étrangers jusque-là à une éducation qui n'expose pas leur identité. Alors, il faudra penser à une école dans laquelle les enseignements donnés répondent aux valeurs africaines afin de restaurer l'image du peuple africain.

Nous pouvons aussi dire comme ce fut le cas dans *La Naissance de la tragédie*, que le peuple africain veut se démarquer de cette éducation triomphante inoculée dans l'esprit africain par les occidentaux, pour mieux comprendre le présent afin de transformer l'avenir. Un avenir dans lequel l'étrangéité fait place à la réalisation de soi. En effet, vouloir se définir à partir de ses propres réalités, c'est poser les bases de sa responsabilité. De telle façon, le surhomme n'est-il pas le précurseur philosophique de toute idée de responsabilité ?

CHAPITRE IV : LE SURHOMME ET LE DÉBUT DE LA RESPONSABILITE AFRICAINE

Être dans le creusé du surhomme, c'est envisager l'indépendance vis-à-vis de soi-même et du monde. C'est-à-dire porter en soi le flambeau de sa responsabilité. Du coup, le surhomme apparaît dans sa rencontre réflexive, comme possibilité d'un retour à soi comme c'est le dessein dans le domaine éducatif africain, par l'impulsion de nouvelles valeurs africaines comme enseignement, dans le souci de décoloniser l'école en Afrique. Il est alors nécessaire de comprendre l'idée de responsabilité de la façon suivante : « le concept de responsabilité est toujours lié à une certaine idée de liberté »[25]. Parler de la responsabilité, c'est envisager la liberté. On est responsable parce qu'on affiche une certaine liberté. Il est évident de comprendre que l'esclave n'est pas un homme libre. Il faudra donc se munir de ce sentiment pour une existence heureuse. La confiscation de sa liberté, l'éloigne de toute possibilité de responsabilité. En effet, « l'originalité de Nietzsche serait de penser la responsabilité non plus sur le modèle de la *réponse* mais sur celui de la *promesse* : l'homme responsable, chez Nietzsche est celui qui peut promettre ou, si l'on préfère, qui peut répondre de lui-même *comme avenir*. »[26] Chez Nietzsche, on ne parle pas de responsabilité comme cela se ferait avec ceux qui pensent que répondre ou encore afficher un comportement de réplique face à un problème ou une situation serait nommer celui-ci de responsable. Il n'en est rien de tout ça. Il faut, dans la conception nietzschéenne de la responsabilité, s'engager à dire que « je » veut devenir ceci ou « je » veux être cela. La responsabilité est par ricochet la volonté de construire son propre devenir. Au regard de la conception nietzschéenne de la responsabilité, l'Afrique doit comprendre qu'elle ne serait

---

[25] Karine Lacroix-PELLETIER, *Le concept de responsabilité chez Nietzsche*, Mémoire, Université de Montréal, 2004, p.21.
[26] *Idem*

responsable à partir du moment où elle se consolide, dans une prise de décision, qui consiste à garantir son propre avenir.

Le mot responsabilité alors renvoie à l'être humain qui sait ce qu'il est et ce qu'il fait. C'est aussi celui qui assume son "moi-même". Comme le stipule Pierre Kynast, c'est l'homme « qui n'est pas aliéné ou déplacé »[27]. Si Kynast compare le surhomme à cet être non aliéné et non déplacé, cela revient à dire qu'il n'y a pas d'éducation préétabli qui forge ou qui forme le surhomme. Celui-ci s'éduque au contact avec la réalité et se place dans la direction d'une amélioration constante, en retournant indéfiniment à soi dans une forme d'éternité. De là, former le concept du surhomme au contact avec l'école en Afrique, c'est tout simplement impulser ce refus d'une école aliénée et déplacée dans une direction qui n'est pas celle de l'Afrique, mais de l'occident à l'école africaine. Depuis plusieurs siècles, l'Afrique vit se ralentissement de progrès du fait que son système éducatif ne répond pas aux attentes de son peuple. Les apprenants perdent, non seulement assez de temps pour l'obtention de leurs diplômes, et sortent de ces écoles sans un avenir d'insertion sociale claire. L'horizon de la vie professionnel apparaît à ceux-ci comme le royaume céleste pour qui, l'accès demande des sacrifices qui surplombent l'entendement de l'être humain. Le souci tient de ce que les africains n'arriment pas leurs réalités au module de formation qu'ils dispensent aux apprenants. Aussi notons-nous qu'il y a la mauvaise foi de nos gouvernants qui ne pensent qu'à eux-mêmes, à leurs propres intérêts. Ces dirigeants ne se battent pas pour rentre autonome notre système éducatif parce qu'ils recevoir des subventions qui viennent de l'occident. Nos systèmes éducatifs sont financés par les occidentaux. C'est eux qui décident alors du type de citoyen qu'il leur faut afin de continuer à maintenir l'Afrique dans la colonisation. Comment comprendre qu'après la colonisation, on parle encore de colonisation ou du néocolonialisme ? En rendant notre système

---

[27] Pierre KYNAST, *Le surhomme de Friedrich Nietzsche*, traduit de l'allemand par Frédéric Clarcke, Allemand, Merseburg sur la Saale, 2006, p. 21.

éducatif dépendant, nous restons toujours attacher au cordon ombilical colonial. Aucune décision de peut venir de nous, puisque nous mangeons européens, nous nous vêtissons européen, nous nous exprimons européen, en un mot nous réfléchissons comme les européens. Du coup, il y a ce que Anatole Frantz Fanon élucide dans son ouvrage intitulé *Peau noire masques blancs*. Dans cette ouvrage, il met à nu les oppressions psychologiques que l'africain fait de son être. Il pense qu'il est, devant l'européen, un sous homme du fait de sa couleur de peau. Longtemps formaté par l'européen d'être un descendant de singes, l'être africain nie sa personne pour vouloir être blanc. Frantz Fanon souligne avec exactitude que « La civilisation blanche, la culture européenne ont imposé au Noir une déviation existentielle. Nous montrerons ailleurs que souvent ce qu'on appelle l'âme noire est une construction du Blanc. »[28] Fanon présente ici la réalité de l'être africain. L'africain n'est africain qu'en étant déguisé en européen. La civilisation et la culture africaine se sont évanouirent pour laisser à la civilisation européenne de prospérer. On est donc plus surpris de voir que l'école en Afrique soit arrimée dans son fonctionnement aux aspirations occidentales. Cet endoctrinement du système africain demande une prise de conscience pour qu'enfin l'Afrique connaisse développement et responsabilité.

Les africains, pour parer à cette évidence, doit renoncer de demeurer inlassablement sous la domination des mentalités occidentales à travers l'école européenne, grâce à l'identité du surhomme, l'école africaine comme le dit si bien Jean-Paul Sartre, s'humanise. Il écrit dans *L'existentialisme est un humanisme* que « l'existentialisme se présente sous forme d'un humanisme et d'une philosophie de la liberté qui est au fond un préengagement, qui est un projet qui ne se définit pas »[29]. À la lumière de la pensée sartrienne, nous déduisons que si exister signifie être un humain, et si être un humain signifie ne pas être un humain fabriqué, conditionné, voulu, calqué sur le modèle de notre goût, il revient à dire que l'être

---

[28] Frantz FANON, *Peau noire masques blancs*, Paris, Collection Points,1975, p. 11.
[29] Paul-Jean SARTRE, *L'existentialisme est un humanisme*, Paris, Gallimard, 2005, p. 87.

africain, en tant qu'existant est un humain. Son humanité serait donc le fruit de ce qu'il envisage pour-soi. Dans cette logique, il n'y a plus question d'entreprendre une industrie cognitive dont le maître d'ouvrage serait l'Europe mais plutôt l'Afrique. Dans cette vision de décolonisation qu'elle soit pour l'homme africain ou pour son système éducatif, ce qui apparaît comme nécessité, c'est le dos tourné à ce qui est ancestralement conçu et voulu comme dogme. En effet, toute la philosophie de Nietzsche est antithétique à tout ce qui se rapporte au dogme, en pensant à une philosophie de l'ici et du maintenant qui touche à la réalité de l'existé. C'est pourquoi Michel Onfray fait remarquer que « Le surhomme est l'expression d'une nouvelle trouvaille par-delà l'ancestrale schizophrénie. Enfin la philosophie s'occupe de choses prochaines, vraies, réelles »[30]. Qu'est-ce alors cette chose prochaine, vraie, réelle ?

Disons que la chose prochaine qui convient de souligner dans ce travail est celle de l'école africaine. Une école qui, à l'instar des autres écoles du monde, se veut prochaine, c'est-à-dire une école purement africaine ; fonctionnant sur des thématiques qui valorisent la culture et l'homme africain. Cette chose vraie et réelle est sans doute la réalisation d'un rêve qui semblait demeurer inlassablement dans la coquille. Aujourd'hui, avec la multiplication des travaux issus des intellectuels africains, portés par le virus de l'homme-dieu nietzschéen sur la question de l'éducation scolaire en Afrique, favorise ce dépassement d'approche des faits pour construire des édifices qui édifient l'Afrique tout entière dans sa volonté de décoloniser son système éducatif assujetti par les valeurs occidentales. Certaines nations qui sont aujourd'hui appelées nations développées, ont, dans l'histoire de leur existence, connue cette situation coloniale. Le monde est un monde de récidive. Rien n'est authentiquement donné. Tout se fait et se refait. Il n'y a donc pas du nouveau sur le soleil. Si aujourd'hui, l'Afrique vit cette situation, c'est bien parce

---

[30] Michel ONFRAY, *La sagesse tragique. Du bon usage de Nietzsche*, Paris, Librairie Générale de France, 2006, p. 121.

que l'Europe s'est rendu compte que pour demeurer puissant, il faut avoir des colonies, des peuples soumis à sa cause. Il nous faudra quitter le navire de la simple spéculation ou du moins de la peur du fait que la vie serait invivable sans les européens. Tout est possible quand la volonté caractérise l'action. On ne devient pas surhomme parce que nous avons entendu parler du surhomme et que, tombé sous son charme, on le devient. Devenir surhomme exige que l'on renverse les valeurs existantes pour en créer de nouvelles. Celles qui répondent à nos exigences. Celles qui répondent à la vie voire à l'existence ou aux réalités africaines. Voilà le sens que Nietzsche donne du surhomme.

De ces trouvailles philosophiques, on retient que la question de liberté est au cœur des réflexions. Aucune d'entre elles ne se rebelle à cette réalité. On penserait déjà à la conception d'une philosophie de l'existence qui met au centre du monde la question de l'évidence du devenir de chaque être humain sur la terre. De cet état de fait, nous disons que les africains doivent comme ce fût le cas de nombreux peuples, prendre les rênes de leur formation scolaire pour parvenir à la liberté. Comment pourrait-on parvenir à cette réalité ? Est-ce à partir de l'inclusion des valeurs africaines comme formation éducative qui permettrait de relever ce défi ? C'est donc une exigence et non un vœu qui pourrait se transmuer en une simple parole. Mais, une exigence du fait que, c'est à travers sa réalisation que le peuple africain connaîtra un réel devenir. On pourrait nous demander ce qu'on attend par les valeurs africaines au des modules qui répondent aux exigences de la formation en Afrique. Nous dirons déjà qu'il faudra insérer dans les modules de formation le refus de complexe d'infériorité par rapports aux thématiques enseignées dans les écoles et universités africaines. Nous voudrions que nos perspectives pour nos écoles africaines qui rimes avec les aspirations de l'Afrique soient pour tous les africains et non pour un pays en particulier. Parlons de ce complexe idéologique dont l'Afrique peine à sortir. Nous connaitrons notre autonomie à partir de l'extirpation de ce sentiment. On pense que c'est quand on acquiert les valeurs européennes puisque c'est ce qui ressort de nos modules de formation. Et, ce sera là notre véritable instruction. C'est une idée purement chimérique. Il faut d'ores et déja enseigner dans le préscolaire, dans le primaire l'histoire de l'Afrique authentique dans sa forme réelle, sans ambiguïté. Nous avons pour preuves les conquêtes africaines qui ont toutes des échecs face à l'occident. Mais, pourquoi ne pas donner les raisons de ces échecs et envisager des solutions afin de permettre aux futurs citoyens de l'Afrique de savoir déjà ce qu'il faut comprendre de l'idée d'émancipation pour rester dans cette dynamique de conquête d'une Afrique libre ? En Côte d'Ivoire, l'exemple de celui qui a voulu mettre en place le royaume de Sanwi, Kragbé Gnagbé est patent. Partout en Afrique, nous avons connus ces idéologues pour la souveraineté de l'Afrique. Il faudra les étudier pour créer dans l'esprit des jeunes africains le combat de la liberté et de la souveraineté du peuple africain. En le faisant, nous prenons un grand départ avec l'histoire de la maturation du peuple africain. Avoir l'insigne honneur dans nos lycées, en plus des langues étrangères, avoir une langue nationale vecteur de transmission de savoir ou de connaissance. On se connait et on se reconnait à partir du moment où nous nous parlons avec nos langues. Aucun chinois ni arabe ni russe ne reçoit de formation éducative à partir d'une langue étrangère. La langue est un véritable vecteur de colonisation. Il faut en sortir. Il faut cesser d'avoir un esprit de peur comme le souligne si bien Nietzsche. La peur est l'ennemie de la responsabilité et de la souveraineté. Pour être souverain, il faut cesser d'avoir peur. Il faut prendre des décisions qui nous sortent de l'esclavage. Toujours au lycée, en plus des études et la connaissance des autres pays tels que l'Espagne, l'Allemagne, l'Angleterre, puisque la géopolitique l'exige, il faudra bien insérer les pays africains, leurs combats, leurs idéologies, leurs économies, leurs politiques de la souveraineté. Dans des disciplines comme la philosophie, il faut convoquer nos philosophes africains qui, malgré un départ occidentarisé du point de vue connaissance, écrivent de plus en plus sur l'Afrique et ses valeurs.

Depuis les années 60 jusqu'à aujourd'hui, une vaque de conquérants et intellectuels africains apparaît sur le continent comme des éveilleurs de conscience pour la souveraineté du peuple africain. Il faut déjà faire connaitre ceux-ci dans nos systèmes éducatifs comme pour leur apporter soutien et encouragement dans le combat qu'ils mènent et non les exposer au colonisateur. Ils doivent être des exemples pour l'Afrique tout entière. On peut citer ces panafricanistes de la nouvelle génération comme Partick Lumumba, Nelson Mandela, Thomas Sangara, Assimi Goita, Ibrahim Traoré, Laurent Gbagbo, le général Tiani et bien autres. Le soutien est aussi une des armes les plus redoutables face à l'oppresseur. Si les africains ne soutiennent pas leurs frères africains, comment la lutte pour la souveraineté serait-elle possible ? Il faut comprendre que l'histoire est l'histoire des hommes et elle se dessine à partir des grandes révolutions. C'est pourquoi, étudier ses frères africains qui ne cessent de porter le flambeau de l'Afrique souveraine, indépendante et riche n'est pas antithétique à l'instruction. Il faut comprendre que l'Europe et l'Amérique ne se sont pas construit et ne sont pas parvenus à ce stade de développement en dehors des intelligencia africains. Malheureusement, ces grandes figures des grandes découvertes opérer par les africains ont tous été remplacés par les hommes blancs comme pour dire, c'est eux qui ont découvert ceci et cela. L'Afrique n'est pas dépourvus d'intelligences, elle en regorge encore et encore. Ce qui reste à faire, c'est de les promouvoir. Le seul secteur de cette promotion réelle est l'école. On pense que tous les africains sans exception feront leur passage dans ces univers de connaissances pour aiguiser leur sens d'ouverture sur le monde. On dit toujours que Pythagore, Platon, Archimède et bien autres philosophes sont venus en Afrique, précisément en Egypte pour apprendre. Mais, où sont passés ces formateurs égyptiens qui les formaient ? L'histoire du monde a été falsifié par l'occident pour continuer de dominer les africains. Il faut comprendre ce fait et réponde non pas par un sentiment de réaction, mais d'action dans la perspective nietzschéenne pour se construire sa propre réalité d'existence.

Aucun pays ni continent au monde n'existe en dehors des valeurs qui lui sont propres. Les valeurs sont donc l'identité d'un peuple. C'est à travers elles qu'on forme et qu'on instruit les habitants pour faire d'eux des citoyens. C'est ce qui fait dire à Jean-Jacques Rousseau dans son ouvrage intitulé *Emile ou de l'éducation* ceci : « On façonne les plantes par la culture et les hommes par l'éducation »[31] Cette pensée roussienne met en évidence l'importance qu'il y a à se faire éduquer ou à s'éduquer. L'éducation est donc fondamentale à l'existence humaine. C'est pourquoi, dans tous les pays du monde, on assiste à une floraison de centres d'éducation appelé école. Mais que faut-il enseigner dans ces écoles ? Ces écoles sont-elles des centres de transmissions des valeurs existentielles propres aux pays ou aux continents qui les ouvrent ? C'est bien là notre combat. Et nous en avons largement exprimé dans le paragraphe ci-dessus. L'école analogiquement parlant, est un endroit, on peut le dire sans faut fuyant de dressage. On dresse l'homme pour qu'il devienne un citoyen. Et si le dressage encore appelle dans sa forme académique éducation n'est pas l'éducation de celle qui permet aux africains d'être dressés aux normes de l'Afrique pour répondre aux aspirations de l'Afrique, c'est le contraire que nous vivrons. À partir de cet instant, tout se rétrécie autour ne nous et nous demeurons esclave de ce qu'on nous fait consommer.

Nous remarquons que ce qu'on enseigne aux africains dans les écoles ne rendent pas compte de ce qui leur faut pour faire valoir leur identité. Il faut de ce fait changer de paradigme en promouvant dans nos écoles la culture voire la civilisation africaine pour permettre aux africains de mettre fin à l'emprise de l'Europe sur l'Afrique. Avant toute chose, il convient de savoir que la dénaturation des valeurs africaines au profit de celles des occidentaux est le fait de la colonisation. En effet, les européens ayant compris que pour dominer un pays ou un continent, la chose la plus importante à faire, c'est de leur enlever leur identité à travers une éducation tronquée, qui n'est pas la leur, mais qui répond aux exigences du colon dans son dessein de colonisateur. Cet exemple de Fanon nous en dit plus sur la question. Il écrit : « Aux Antilles, le jeune Noir, qui à l'école ne

---

[31] Jean-Jacques ROUSSEAU, *Émile ou de l'éducation* (1762), Paris, Jean Néaulme (Duchesne) à la Haye, 1762, p. 246.

cesse de répéter « nos pères, les Gaulois », s'identifie à l'explorateur, au civilisateur, au Blanc qui apporte la vérité aux sauvages, une vérité toute blanche. Il y a indentification, c'est-à-dire que le jeune Noir adopte subjectivement une attitude de Blanc. Il charge le héros, qui est Blanc, de toute son agressivité, - laquelle, à cet âge, s'apparente étroitement à l'oblativité : une oblativité chargée de sadisme. Un enfant de huit ans offrant quelque chose, même à une grande personne, ne saurait tolérer de refus. Peu à peu, on voit se former et cristalliser chez le jeune Antillais une attitude, une habitude de penser et de voir, qui sont essentiellement blanches. Quand, à l'école, il lui arrive de lire des histoires de sauvages, dans des ouvrages blancs, il pense toujours aux Sénégalais. Etant écolier, nous avons pu discuter pendant des heures entières sur les prétendues coutumes des sauvages Sénégalais. Il y avait dans nos propos une inconscience pour le moins paradoxale. Mais c'est que l'Antillais ne se pense pas Noir ; il se pense Antillais. Le nègre vit en Afrique. Subjectivement, intellectuellement, l'Antillais se comporte comme un Blanc. Or, c'est un nègre. »[32] Voici comment l'éducation voire l'école peut, malgré la couleur de notre peau, nous fait être un autre être idéologiquement. Les Antillais, malgré leur couleur de peau, ne se reconnaissent pas africains à cause de ce qu'ils apprennent dans les écoles européennes. Il faut se prémunir des cartes de la souveraineté à travers une éducation à l'image de l'Afrique, mais aussi, exposer dans un sens réel ce qu'est l'occident sans tronqué quoi que ce soit.

L'éducation est d'autant plus importante dans la vie d'un être humain que certains africains tels que Joseph Ki-Zerbo a consacré autant d'années à réfléchir sur la question. Dans son ouvrage intitulé *Éduquer ou périr*, il montre combien de fois le XIVème siècle fut un siècle de forte scolarisation dans les villes de Tombouctou que dans bien d'autres pays du monde. Pour lui, l'initiation à la culture et aux valeurs africaines à fait de ce continent, un continent émergent en matière d'éducation. Et cela permettait aux africains de se découvrir comme des peuples respectés et respectables. Mais, cette marche d'affirmation et de consécration de

---

[32] Frantz FANON, *Peau noire masques blancs*, op.cit., pp. 120-121.

l'identité africaine sera stopper par le contact avec l'occident. Cela s'explique par l'intrusion des religions, la traite négrière, la colonisation et surtout les nouvelles donnes de la colonisation appelées néo-colonisation. Malgré, cet effort d'intégrer l'éducation occidentale dans nos systèmes éducatifs, l'Afrique peine à vivre le réveil. Cela parce qu'elle fonctionne sous le logiciel d'un autre peuple. Zerbo écrit que « l'éducation est le logiciel de l'ordinateur central qui programme l'avenir des sociétés »[33], il ajoute « une société qui renonce à prendre en charge sa jeunesse et à la doter des outils d'une promotion optimale, enterre son propre avenir »[34] Pour lui, l'Afrique ne peut redorer son identité qu'à travers une éducation qui réponde aux exigences du continent africain.

Cette aspiration à la décolonisation de l'école en Afrique ne peut pas se faire aussi simple du fait de ce Léviathan (l'occident) qui semble ne pas renoncer à sa volonté de maintenir l'Afrique sous contrôle. C'est pourquoi, il faut que le peuple africain, à l'image d'un Nietzsche "fou", charge son destin par la déconstruction de ces pseudos valeurs éducatives occidentales pour en créer de nouvelles valeurs ou retourner à ses valeurs ancestrales calquées sur le sens du respect, l'amour du prochain, l'éthique et autres pour son autonomie. L'Afrique, il faut le dire tout nettement à ses valeurs, comme c'est le cas dans tous les autres peuples au monde. Il faut bien que ces valeurs soient entretenues et que notre éducation, soit elle à la maison comme à l'école. De plus en plus en constate que les apprenants africains ont plus de droits que de devoir sur leurs maîtres ou enseignants. Cela fait que le sens du respect a foutu le camp et le désordre s'est installé. Ce désordre pose aussi le problème du désintéressement des enseignants à vouloir avoir un véritable droit de regard sur ces apprenants.

Le surhomme est ce type d'homme que recherche Nietzsche pour l'homme. Il pense qu'en devant surhomme, l'homme construit infiniment sa perfection, sa

---

[33] Joseph Ki-ZERBO, *Éduquer ou périr*, Paris, Unesco, 1990, p.16.

[34] *Idem*

responsabilité, son autonomie et met fin à cette idée de déterminisme. C'est pourquoi, en tant qu'adeptes de la philosophie nietzschéenne, nous pensons que l'école en Afrique peut sortir du joug de la colonisation si les africains prennent la mesure de cultiver l'enseignement que donne Zarathoustra à la foule concernant le surhomme. En étant surhomme, nous voulons bien évidemment parler des africains, ceux-ci se rendront compte qu'ils sont leur propre réalité et que leur condition de vie ne dépens de personne, mais d'eux-mêmes. C'est par cette prise de conscience que les africains retourneront à leur identité originelle pour échapper au dictat occidental tenu de main de maître par ce que nous recevons dans nos écoles comme éducation.

CONCLUSION

L'Afrique est restée dans une sclérose éducationnelle comme institution depuis l'avènement de la période coloniale. Ce fade moment de l'histoire africaine a créé des disfonctionnements dans sa volonté de développement d'une part. il y a également cette idée typiquement africaine qui pense que l'école est faite pour les hommes et que les femmes, compte tenu de certaines réalités à savoir : la pauvreté, le manque de structure d'accueil sont obligés de laisser les jeunes filles à la maison d'autre part. Ce présentatif de l'histoire de l'Afrique nous incite à réagir en tant qu'intellectuels africains. Le peuple africain ne peut et ne doit, en ce XXIe siècle, là où les autres continents pensent à une éducation tenue par les intelligences artificielles, demeurer dans des conditions qui sapent son indépendance, mais et surtout son développement.

L'Afrique, il faut le dire est un continent qui a perdu son identité à cause de la colonisation. Les colons ont imposé aux africains un système éducatif qui, en réalité est en leur faveur en tant que bourreaux et non de l'Afrique. Ce qui fait que les africains ne pensent pas par eux-mêmes, mais à travers des idéologies européennes. La dénaturation du peuple africaine est tellement profonde qu'il nous faut un travail de fond pour que l'Afrique retrouve son identité perdue, sans laquelle nous serions africains de peau et non de culture et de civilisation. Dans cette recherche de solution, un auteur comme Nietzsche, apparaît, par rapport à sa thèse sur le surhomme, ouvrir aux africains l'intelligence pour leur prise de conscience afin de cesser de demeurer un peuple à la merci de l'Europe. Nietzsche, à travers son personnage principal Zarathoustra nous enseigne le surhomme. Il pense pour sa part que l'homme est un être imparfait qu'il faille le surmonter. Cette attitude nietzschéenne est une attitude par laquelle l'homme se construit soi-même, se dépasse, se transcende pour donner un réel sens à sa vie. Cela ne peut aussi être possible qu'à partir du moment où il déconstruira la forme traditionnelle de la vie qui lui est offerte pour en créer de nouvelles : ce que Nietzsche appelle nouvelles valeurs. Nietzsche écrira dans son ouvrage intitulé *Le crépuscule des idoles et le cas Wagner,* comme pour dénoncer la forme de vie que le christianisme a, pendant longtemps inoculée dans le cerveau humain comme la réalité de la vie, alors que cela masque la volonté réelle de la vie qu'il entend permettre à l'homme de la dessiner. Il affirme ceci : « Le temps historique est le déploiement d'un certain type, de formes de la vérité qui correspondent à une certaine orientation de la Volonté de vie. Il ne peut durer qu'à la condition d'oublier son propre enracinement, le choix pré-existentiel qui motive son orientation. Or ce qui, fait retour, sans cesse, dans chacun de ces moments, n'est autre que cette orientation initiale de la volonté de vie. Le temps historique manifeste et masque, tout ensemble, le retour de la volonté qui l'engendre, selon une certaine intensité de l'exister. »[35] Nietzsche présente l'histoire comme la forme irréelle de la vie ou de l'existence. Pour lui, elle fabrique une forme de vie par laquelle la volonté historique fait apparaître comme la réelle. C'est à cette forme historique de la vie que le peuple africain a été, durant des siècles embastillé. Pour que cela cesse, il faut que le peuple africain transmue les valeurs existantes pour asseoir de nouvelles valeurs qui répondent aux aspirations des africains. Il décrit ce qu'il appelle transmutation des valeurs : « Transmuer les valeurs signifie donc : changer, renverser, mais aussi, en un sens « alchimique », métamorphoser les partages, les oppositions, les hiérarchies qui font le monde prendre sens pour nous, - les savoirs qui engendrez l'évidence du vrai, et qui et qui déterminent, sans que nous le sachions, notre « bios », notre « ethos » : notre être dans le monde. »[36] Ce fragment de texte de Nietzsche montre comment, à partir du renversement des valeurs ou par analogie de l'éducation occidentale, l'Afrique parviendrait à instaurer un système éducatif qui réponde à ses aspirations signe de son autonomie et de son indépendance.

---

[35] Friedrich NIETZSCHE, *Le crépuscule des idoles et le cas Wagner*, Paris, traduit par Henry Albert, Garnier Flammarion, 2019, p. 12.
[36] Friedrich NIETZSCHE, *Le crépuscule des idoles et le cas Wagner*, op.cit., p. 10.

Il faut dans cette logique de vision de devenir soi-même, et toujours à la lumière de la pensée nietzschéenne que l'Afrique favorise une éducation inclusive comme ce fut le cas avec Zarathoustra devant la foule pour leur enseignement le surhomme. Ce personnage de Nietzsche n'a fait acception de personne. Il a apporté un enseignement à toute l'humanité. Il nous faut, dans notre volonté de se développer, créer les conditions d'une éducation inclusive permettant aux hommes et aux femmes de recevoir éducation. Éducation basée sur les réalités hautement africaines pour poser les bases de notre développement.

BIBLIOGRAPHIE

ARENDT Hannah, *La crise de la culture*, traduit de l'anglais sous la direction de Patrick Lévis, Paris, Gallimard, 1961.

BADINI Ali, *Système éducatif traditionnel moaga (Burkina Faso) et action éducative scolaire, (Essai d'une pédagogie de l'oralité) (Thèse de doctorat d'État)*, Université Charles de Gaule-Lille3, 1990.

Banque mondiale et les enseignants, *Vue d'ensemble*, https://www.banquemondiale.org, 2024.

BARONI Christophe, *Nietzsche éducateur de l'homme au surhomme*, Paris, Fabert, 2008.

DEGRYSE Lucas, *Le surhomme et la volonté de puissance*, Le Philosophoire, n° 18, 2003.

DISSE, *Faire face au manque d'éducation dans le monde : Tous à l'école !*, 2023, publié dans https://dissei.org , consulté le 13/06/2024 à 0h11.

FANON Frantz, *Peau noire masques blancs*, Paris, Collection Points,1975.
GAUDIN Philippe, La *religion de Nietzsche*, Paris, Les Éditions de l'Atelier/ Éditions ouvrières, 2008.

KARL Marx, *Critique de l'économie politique*, Avant-propos, trad. M.Rubel L. Évrard. In Œuvres, I. Économie, I. Éd. Gallimard, coll. « La Pléiade », 1965.

KYNAST Pierre, *Le surhomme de Friedrich Nietzsche*, traduit de l'allemand par Frédéric Clarcke, Allemand, Merseburg sur la Saale, 2006.

 La Sainte Bible, *Actes 20V35*.

MARTIAL Paul, *Afrique : contre l'exclusion des élèves enceintes*,2022, publié dans https://lanticapitaiste.org , consulté le 13/06/2024 à 22h21.

NIETZSCHE Friedrich, *Le Gai savoir*, Paris, Garnier Flammarion, 2007.

NIETZSCHE Friedrich, *Ainsi Parlait Zarathoustra*, Paris, Pierre Hidalgo- site philosophique de l'académie de Genoble, Ebooks libres et gratuit, 2005.

NIETZSCHE Friedrich, *Le crépuscule des idoles et le cas Wagner*, Paris, traduit par Henry Albert, Garnier Flammarion, 2019.

NIETZSCHE Friedrich, *La volonté de puissance*, traduit de l'allemand par Geneviève Bianquis, Tom1, Paris, Gallimard, 2017.

NIETZSCHE Friedrich, *La naissance de la tragédie*, traduit de l'allemand par Céline Denat, Garnier-Flammarion, Paris, 2015.

ONFRAY Michel, *La sagesse tragique. Du bon usage de Nietzsche*, Paris, Librairie Générale de France, 2006.

PELLETIER Lacroix Karine, *Le concept de responsabilité chez Nietzsche*, Mémoire, Université de Montréal, 2004.

ROUSSEAU Jean-Jacques, *Émile ou de l'éducation* (1762), Paris, Jean Néaulme (Duchesne) à la Haye, 1762.

SARTRE Paul-Jean, *L'existentialisme est un humanisme*, Paris, Gallimard, 2005.

SLOTERDIJK Peter, *Règles pour le parc humain*, publié dans http://hal.science, 2016, consulté le 5/03/2022 à 5h 40

YAMEOKO Issaka, *De l'éthique de l'éducation en Afrique : sur les traces de Joseph Ki- Zerbo*, Université Norbert- Zongo (koudougou, Burkina Faso), 2021.

ZERBO Ki Joseph, *Éduquer ou périr*, Paris, Unesco, 1990.